AU ROY.

SIRE,

GASPARD DE THOMAS DE LA VALETTE, Evêque d'Autun, Président né des Etats de Bourgogne, repréſente trés-humblement à VOTRE MAJESTE', qu'ayant appris que le ſieur Evêque de Dijon prétendoit lui conteſter la préſidence aux Etats de Bourgogne, dont les Evêques d'Autun ſes prédéceſſeurs ſont en poſſeſſion de tems immémorial, a eu l'honneur de préſenter ſur ce ſujet une première Requête à VOTRE MAJESTE'; mais le ſieur Evêque de Dijon ayant refuſé long-tems d'y répondre, a fait depuis peu ſignifier une Requête dans laquelle il expoſe ſes prétentions; ce qui oblige le Suppliant d'expoſer icy avec plus d'etenduë qu'il n'a fait d'abord, les droits & les prérogatives du Siége Episcopal d'autun, auquel il plû à VOTRE MAJESTE' de le nommer : c'eſt ce qu'il va renfermer dans trois propoſitions.

La première que le droit de l'Evêque d'Autun de préſider aux Etats de Bourgogne, eſt fondé ſur des titres autantiques & ſur les prérogatives de ſon Siége, qui luy donne le droit de précéder dans toutes ſortes d'aſſemblées qui ſe tiennent dans l'etenduë de la Métropole de Lyon, tous les Evêques de la même Province.

La ſeconde que l'Evêque d'Autun eſt en poſſeſſion immémoriale de la qualité de Préſident né des Etats de Bourgogne, & qu'il a joüi de tout tems du rang & des prérogatives attachées à cette qualité.

La troiſiéme, que la queſtion a été jugée contradictoirement par Arrêt du Conſeil du 3. Avril 1658. & que cet Arrêt doit ſervir de Loy dans les aſſemblées des Etats de Bourgogne.

En établiſſant ces trois propoſitions, il répondra au deux différens moyens que le ſieur Evêque de Dijon prétend tirer de ce qu'il eſt Evêque de la Ville où les Etats doivent être aſſemblés, & de ce qu'il eſt plus ancien en ſacre que le Suppliant. Car l'Evêque d'Autun étant de droit Préſident né des Etats, il ne faut plus avoir égard pour cette préſidence, ni à la qualité d'Evêque diocéſain, ni au tems du ſacre. Le ſieur Eveſque de Dijon a beaucoup

A

infifté fur ce fecond moyen dans fon dernier Mémoire. Cependant les autres Evefques qui ont entrée aux Etats de Bourgogne, qui font plus anciens en facre que luy, & plus interreffés, par conféquent, à faire valoir ce moyen, n'ont pas crû fe pouvoir joindre à luy. Ainfi les Evefques qui auroient été les parties principales, s'ils avoient crû la prétention du fieur Evefque de Dijon bien fondée, reconnoiffent par leur filence le droit des Evefques d'Autun de préfider aux Etats de Bourgogne.

PREMIERE PROPOSITION.

Le rang dans les affemblées foit Eccéfiaftiques, foit Politiques, ne fe regle entre les Evefque d'une mefme Province fur le tems de leur facre, que quand il y a une égalité parfaite entre les Séges Epifcopaux. Dès qu'il y a des titres, des prérogatives ou des fonctions particulieres attachées à l'un de ces Siéges, qui le diftinguent des autres Evefchés de la Province, l'Evefque qui occupe ce Siége doit avoir la préféance fur tous les Evefques de la Province dans les affemblées où ils ont droit d'entrer. Pour trouver un grand nombre d'exemples de l'application de ce principe, il n'y auroit qu'à parcourir les differentes Provinces Eccéfiaftiques du monde Chrétien, il fuffira d'en raporter icy deux exemples que la France nous fournit, outre celuy d'Autun.

L'Evefque de Soiffons précede tous les Evefques de la Province de Reims, & il a droit de les préfider à l'abfence de l'Archévefque dans les Conciles, dans les Affemblées Provinciales & dans les Affemblées Civiles, uniquement parce qu'il porte le titre de Doyen & de premier Suffragant de la Province. C'eft en cette qualité que deux Evefques de Soiffons ont eû l'honneur, pendant la vacance du Siége Archiepifcopal de Reims, de facrer le Roy Saint Louis, & le feu Roy bifayeul de VOTRE MAJESTE. C'eft par une femblable raifon que les Evefques de Chartres tiennent toûjours le premier rang dans les affemblées Provinciales aprés l'Archévefque de Paris, & qu'ils y préfident à fon abfence.

Ce n'eft pas feulement dans les affemblées Ecclefiaftiques que ceux d'entre les Evefques d'une mefme Province qui ont quelque prérogative au deffus de leurs Confreres, doivent avoir la préféance, ils doivent en joüir encore dans les affemblées purement Civiles Car nos Roys ayant voulu que les Evefques tinffent un rang diftingué dans ces affemblées, & ayant accordé la préféance aux Archévefque fur les Evefques, quoyque les uns & les autres fuffent égaux par le caractere, il étoit naturel que ceux des Evefques d'une Province qui ont quelque prérogatives au deffus de leurs Confreres, leurs fuffent préférés, attendu que dans les principes du Droit civil, comme dans ceux du Droit canonique, le rang ne fe regle fur l'ancienneté entre ceux qui font pourvû de dignités pareilles, que quand il n'y a point de prérogative particuliere attachée à l'une de ces dignités. Or l'Eglife d'Autun a un grand nombre de prérogatives qui la diftinguent des autres Eglifes Epifcopales de la Métropole de Lyon.

La premiere eft le rang qu'a tenu l'Eglife d'Autun dans l'Eglife des Gaules, dès que le Christianisme y fut établi. Comme la Ville d'Autun, l'une des plus anciennes de toutes les Gaules, étoit la Capitale du Pays des Heduens qui comprenoit la Bourgogne, le Forest, le Mâconnois, & que le rang des Evesques a suivi le plus ordinairement pendant les premiers siécles, celuy que les Villes Episcopales tenoient dans l'ordre civil, l'Eglise d'Autun, a dû estre regardée dans les premiers siécles comme une des principales Eglises des Gaules.

En effet, quand les Donatistes demanderent à l'Empereur Constantin d'avoir pour Juges des Evêques de Gaules, l'Empereur nomma pour Juges les Evêques de trois grands Sieges, *Rhetice d'Autun*, Materne de Cologne, & Marin d'Arles (c'est l'ordre dans lequel les nomme Eusebe de Cesarée;) & quand tous les Evêques, tant des Gaules que d'Italie, furent assemblés à Rome à la maison de Latran, pour, terminer cette affaire importante, le Pape Melchiade présida au Concile, Rhetice d'Autun y fut assis après lui, (suivant que le remarque Optat de Milleve) Materne & Marin occuperent la troisiéme & la quatriéme place, & ils furent suivis de quinze Evesques d'Italie. Si l'Eglise d'Autun n'avoit point été regardée alors comme une des plus illustres des Gaules, Rhetice auroit-il occupé une place si honnorable en présence de plusieurs Evesques, dont les Sieges ont été & sont encore si élevés, Cologne, Arles, Milan, Pise, &c.

Les Donatistes ne s'étant point soumis au jugement du Concile de Rome *l'Empereur Constantin convoqua un nouveau Concile à Arles: il n'y eut que des Evesques des premiers Sieges des Gaules qui assisterent à ce Concile, ceux de Reims, de Rouen, de Lyon, de Cologne, de Bordeaux, de Treves & Deause, avec Rhetice Evesque d'Autun. Ces Sieges Episcopaux tiennent encore le premier rang dans l'Eglise de France; & celui d'Autun jouïroit des mesmes prérogatives, s'il avoit conservé le rang qu'il tenoit au commencement du quatriéme siecle.

Mais les Romains jaloux de relever l'éclat des Villes formées par leurs Colonies, qui étoit leur propre ouvrage, & où les Magistrats par lesquels ils gouvernoient le Pays, faisoient leur résidence, donnerent la préference à l'Eglise de Lyon sur celle d'Autun. Ainsi l'Evesque d'Autun ne fut plus que suffragant de l'Eglise Métropolitaine de Lyon. Mais en cédant la premiere place à l'Evesque de Lyon, avec lequel il avoit été du moins en concurrence, comme on vient de le prouver par l'Histoire Ecclésiastique du quatriéme siecle, il n'a point dû perdre la préséance dont il étoit en possession sur tous les autres Evesques de la Province.

Ce n'est que pour soutenir par quelque marque extérieure cette prérogative de l'Evesque d'Autun, que Siagre demanda le *Pallium*, & qu'il le fit demander par la Reine Brunehaut. Saint Gregoire le dit expressément en écrivant à Siagre. *Cum id te non ad superfluæ elationis pompam, sed pro genio & honore tuæ arbitremur Ecclesiæ petivisse.* Ce saint Pape ajoûte qu'en accordant à Siagre l'usage du *Pallium*, il avoit crû devoir joindre quelque prérogative à cette marque de distinction extérieure, en conservant néanmoins le rang & l'honneur dûs au Métropolitain, & cette prérogative fut que l'Eglise d'Au-

* Conc. Gall. tom. 1 p. 36 & 4.

tun seroit la premiere après celle de Lyon, & que les autres Evesques n'auroient de rang entre eux, soit dans les Conciles, soit dans les soucriptions, soit dans quelque autre occasion que ce pût estre, que suivant la date de leur sacre *Ut Metropolitæ suo per omnia loco & honore servato, Ecclesia Civitatis Augustodunæ, cui omnipotens Deus te præesse voluit, post Lugdunensem Ecclesiam esse debeat Cæteros vero Episcopos, secundum Ordinationis suæ tempus sive ad considendum, sive ad subscribendum, vel in qualibet aliâ re sua attendere loca decernimus, & suorum sibi prærogativam Ordinum vindicare* Ces termes de saint Gregoire, que l'Eglise d'Autun doit estre la premiere après celle de Lyon, marquent bien que ce n'est point icy un pur privilege, mais un droit qui se trouve confirmé par l'usage du *Pallium*, que ce S. Pape accordoit aux Evesques d'Autun.

Une seconde observation qui n'est pas moins importante à faire sur ces termes de la Lettre de saint Gregoire, c'est ce que le Canon *Episcopos*, rapporté par Gratien distinction dix-septiéme, pour prouver que le rang des Evesques est réglé suivant le tems de leur sacre, est tiré mot à mot de la derniere partie de la Lettre à Siagre que l'on vient de citer. D'où il s'en suit que le même texte du droit Canonique qui établit la régle la plus générale sur le rang des Evêques entre eux, établit en mesme-tems une régle contraire en faveur des Evesques d'Autun, fondée sur le principe que l'Evesque d'Autun joüit de prérogatives qui le distinguent des autres Evesques de la Province de Lyon.

Enfin il résulte des termes de la Lettre de saint Gregoire, que c'est l'Eglise d'Autun qui doit avoir le premier rang après l'Eglise Métropolitaine de Lyon; ainsi cette prérogative n'étoit point une grace personnelle accordée à Siagre, mais un droit attaché à son Siege & confirmé autant de fois par le Saint Siege qu'il y a eu de concessions de *Pallium* faites aux Evêques d'Autun: ce n'étoit que pour l'honneur de son Siege que Siagre avoit luy-mesme demandé ces marques de distinction.

Mais l'original de cette Lettre, dit le Sieur Evesque de Dijon, n'est point rapporté, il y a d'ailleurs dans les collections des ouvrages des Peres, tant de pieces supposées, qu'il ne suffit pas qu'une Lettre ait été inserée dans les receuils des écrits d'un Pere pour faire foy en Justice.

Ce raisonnement auroit quelque apparence s'il s'agissoit icy d'un privilége qui eût été renfermé pendant un grand nombre de siecles dans les Archives d'une Eglise particuliere, & qui n'auroit guére été connu que de ceux qui voudroient s'en prévaloir; mais la Lettre de Saint Gregoire à Siagre est tirée des Régistres de ce saint Pape qui ont été recueillis de son tems avec le plus grand soin, & qui ont été conservés depuis, comme des monumens des plus précieux, comme une source des plus pures de la discipline Ecclesiastique. On la trouve dans tous les manuscrits des Lettres de saint Gregoire, dont il y en a un grand nombre respectables par leur antiquité à Rome dans la Bibliotheque du Vatican, en Angleterre, en differentes Bibliotheques de France, & en particulier dans celle de V. M. c'est sur ces differens manuscrits qu'a été faite la derniere édition des Epîtres de S. Gregoire par les PP. Benedictins de la Congrégation de S. Maur. Cette Lettre par laquelle S. Gregoire déclare à Siagre qu'il luy envoye le *Pallium*, est relative à deux autres Lettres de ce saint

Pape

Pape ; l'une à la Reine Brunehaut , l'autre à Arage de Gap , à qui il adreſſe le *Pallium* , pour le donner à Siagre. Des paſſages de la Lettre , dont le Sieur Evêque de Dijon oſe conteſter l'autenticité, ont ſervi à former deux Canons qui ſont rapportés dans le Décret de Gratien. Le P. Sirmond a inſeré cette Lettre dans ſon édition des Conciles de France , comme une piece des plus autentiques & des plus honnorables pour la Nation : preſque tous les Cano-niſtes qui ont parlé du *Pallium* ont fait mention de cette Lettre de ſaint Gre-goire à Siagre. Aucun des Ecrivains François qui ont travaillé ſur l'hiſtoire du ſixiéme ſiecle de l'Egliſe , n'a omis un trait ſi remarquable pour l'Egliſe de France. Les Critiques les plus ſeveres ont reconnu dans cette Lettre le ſty-le , le caractere, l'eſprit de ſaint Gregoire. Le ſieur Evêque de Dijon paroît ſeul douter de l'autenticité de cette piece, il demande qu'on lui en repreſente l'original , mais le celebre Juriſconſulte Florent a répondu par avance à cette difficulté, que le privilege accordé par S. Gregoire à Siagre & à l'Egliſe d'Au-tun , eſt inſeré dans le corps du Droit *(a)* , & par conſéquent qu'il n'a pas beſoin de preuves.　　　　　　　　　　　　　　　　　　　*(a) Traité 8,*
　　　　　　　　　　　　　　　　　　　　　　　　　　　　　　　Titre 8.

Il faut donc que le Sr. Evêque de Dijon renonce à ce premier moyen. Le ſecond qu'il menace d'employer , quoique des plus ſinguliers, n'en eſt pas plus ſolide. C'eſt un appel comme d'abus de la Lettre de ſaint Gregoire à Siagre. Il fondra , dit-il , cet appel comme d'abus ſur ce que ſaint Gregoire a entrepris ſur la puiſſance temporelle, en s'attribuant le droit de diſpoſer du rang des Evêques, non ſeulement dans les aſſemblées Eccleſiaſtiques, mais encore dans les aſſemblées purement civiles.

Mais bien loin que ſaint Gregoire ait jamais entrepris ſur la puiſſance tem-porelle , il n'y a jamais eu de Pape qui ait pouſſé plus loin que lui , & dans ſes écrits & dans ſa conduite, le reſpect pour tous les droits des Souverains. Il étoit ſurtout pénétré de ces ſentiment par rapport à nos Rois, que l'éclat de leur Couronne , diſoit-il , en écrivant à l'un d'eux , éleve autant au deſ-ſus des autres Rois , que la dignité Royale éleve les Rois au-deſſus des autres hommes *(b)* .　　　　　　　　　　　　　　　　　　　　　　　　*(b) Lib., 4.*
　　　　　　　　　　　　　　　　　　　　　　　　　　　　　　　Epiſt. 6.

Il a regardé nos Rois comme ne tenant que de Dieu leur pouvoir pour le temporel , & comme les Protecteurs de l'Egliſe Gallicane , engagés par cette qualité à faire réformer les abus qui s'étoient introduits dans l'Egliſe de France , & à y faire obſerver les Canons.

Le premier de ces principes l'auroit certainement empêché de diſpoſer par lui-même du rang des Evêques dans les aſſemblées politiques : il étoit d'un autre côté ſi convaincu qu'il ne pouvoit attribuer de droit ſingulier & de prérogatives à quelque Evêque du Royaume , même en matiere Eccleſiaſti-que , ſans le conſentement du Roi, qui eſt le Protecteur de l'Egliſe dans ſes Etats , que ce ne fut qu'à la priere de Childebert qu'il accorda à Virgile d'Arles le *Pallium* & le Vicariat du Saint Siege ſur tous les Etats de Childe-bert , quoique cette qualité de Vicaire du Saint Siege fût en quelque manie-re attachée à l'Egliſe d'Arles par une ancienne coutume. C'eſt auſſi la con-duite que tint ſaint Gregoire dans l'affaire de Siagre.

On commençoit alors à regarder le *Pallium* commme un ſigne de la plénitude du pouvoir Episcopal ; cependant comme c'étoit un ornement que les Latins avoient emprunté de l'Empire Grec, saint Gregoire ne voulut l'accorder suivant l'ancienne coutume, qu'avec la permission des Empereurs de Constantinople, & il ne l'envoya à Siagre qu'à la priére de Brunehaut Régente des Etats des Rois ses petits-fils. *Susceptis Epistolis... vestris... fratri & Coepiscopo nostro Siagrio* Pallium *dirigere secundum postulationem vestram voluimus.* Or dès que saint Gregoire n'a envoyé le *Pallium* à Siagre que de la maniére dont la Reine Régente l'avoit demandé, on ne peut douter que la Régente n'eut demandé avec le *Pallium* une distinction par raport au rang naturellement attaché au Siége, dont l'Evêque étoit honnoré de cet ornement qui l'élevoit au-dessus de ses Confréres. Il paroit manifestement que la Reine Brunehaut, qui avoit dessein de témoigner à Siagre sa reconnoissance en obtenant cette distinction, a été bien aise de se servir de ce moyen pour luy conserver la préséance sur tous les Evêques du Royaume de Bourgogne.

Le sieur Evêque de Dijon a senti que cette demande de la Reine Brunehaut renversoit tout son sistême contre la lettre de S. Gregoire. C'est ce qui luy a fait dire qu'il doutoit que la mémoire de cette Reine pût garantir la lettre de S. Gregoire *de la censure publique*, mais il ne s'agit point icy du mérite personnel, des vertus & des vices de Brunehaut ; que cette Reine ait été coupable de tous les crimes pour lesquels Clotaire II. l'a fait condamner, ou qu'elle ait été plus malheureuse que coupable, c'est un point de critique qu'il est inutile de discuter, quand il s'agit uniquement de sçavoir si elle étoit Régente du Royaume de Bourgogne & Dépositaire de l'autorité souvraine dans le tems que S. Gregoire envoya le *Pallium* à Siagre. Ce point n'est pas douteux, le concours des deux puissances se trouve donc réuni pour tous les priviléges que contient la lettre de S. Gregoire en faveur de l'Eglise d'Autun.

Un troisiéme droit qui a toûjours dû servir de titre à l'Evesque d'Autun pour avoir la préséance sur tous les Evesques de la Province, c'est qu'il est Administrateur-né de l'Archévesché de Lyon pour le spirituel & pour le temporel pendant la vacance du Siége de Lyon ; c'est un droit dont les Evesques d'Autun jouissent de tems immémorial, & dans lequel ils ont été conservés par des Ordonnances & par un grand nombre d'Arrest, de maniére que V. M. elle-mesme ne joüit pas à Lyon de son droit de Regale pendant la vacance du Siége Archiépiscopal.

En vertu de cette administration l'Evesque d'Autun sans aucun nouveau titre, & par sa seule qualité, fait toutes les fonctions, non seulement d'Ordinaire, mais encore de Métropolitain & de Primat ; s'il y a quelque appel interjetté des Sentences des Officialités de Châlons, de Mâcon, & à présent de Dijon, c'est l'Official Métropolitain établi par l'Evesque d'Autun qui en doit connoître ; si les Evesques de Châlons, de Mâcon & de Dijon refusent sans cause légitime des *Visa* à des Ecclésiastiques, c'est à l'Evesque d'Autun à les accorder ; s'il falloit tenir un Concile de la Province pendant la vacance du siége Archiépiscopal, ce seroit l'Evesque d'Autun qui le convoqueroit & qui y présidéroit ; c'est à luy dans ces circonstances à indiquer les assemblées provinciales pour députer aux assemblés générales du Clergé, & à y présider

L'Evefque d'Autun eft donc de droit, & par une prérogative attachée à fon Siége, fuperieur des Evefques de Châlons, de Mâcon & de Dijon. Si les Etats de Bourgogne fe tenoit pendant la vacance du fiége Archiépifcopal de Lyon les autres Evefques de la Province pourroient-il difputer la première place à celuy qui fe trouveroit actuellement leur Métropolitain, & qui en cette qualité doit avoir la préféance fur eux, fuivant le droit commun du Royaume, tant dans les affemblées Eccléfiaftiques, que dans celles qui font purement politiques.

Pendant que le Siége de Lyon eft rempli, l'exercice de ce pouvoir de l'Evêque d'Autun eft fufpendu; mais la plénitude du pouvoir Epifcopal qui diftingue l'Archevêque d'avec les Evêques, n'en refide par moins en fa perfonne pour l'exercer dès qu'une nouvelle vacance de l'Archevêché de Lyon y donnera lieu; il porte toujours par cette raifon le *Pallium*, qui eft le fymbole de la plénitude du pouvoir Epifcopal. Il eft donc toujours de droit fuperieur des Evêques de la Province, même pour le fpirituel, quoiqu'il n'ait pas toujours l'exercice actuel de cette fuperiorité. Or s'il eft toujours de droit fuperieur des Evêques de fa Province, il doit avoir toujours fur eux la préféance, tant dans les affemblées Eccléfiaftiques que dans les affemblées politiques, felon le principe reçu en France & dans tous les pays Catholiques, que celui qui eft le fuperieur fuivant l'ordre de la Hiérarchie, doit précéder en toutes affemblées ceux qui font fes inferieurs.

Un derniers moyen pour faire adjuger la préféance aux Evêques d'Autun fur les autres Evêques qui ont entrée aux Etats de Bourgogne, eft fondé fur la maniere dont les rangs font reglés entre les Abbés qui ont entrée aux Etats immédiatement après les Evêques, & qui y préfident à l'abfence des Evêques: ce rang ne dépend point entre les Abbés de leur ancienneté, mais de leurs Abbayes. L'Abbé de Citeaux y tient toujours le premier rang, & après lui viennent les Abbés de S. Benigne de Dijon, de S. Etienne, de la Ferté, de Fontenay, de Flavigny, de la Buffierre, &c. Quand il n'y a point d'Evêques préfens aux Etats, c'eft l'Abbé de Citeaux qui préfide, & en fon abfence l'Abbé de S. Benigne: pourquoi le même ordre ne feroit-il pas obfervé entre les Evêques? Et s'il eft naturel de fuivre à leur égard la même regle, à qui la préféance peut-elle être plus légitimement dûe qu'à l'Evêque d'Autun, dont la ville Epifcopale eft la plus ancienne de toutes celles qui ont entrée aux Etats, qui dans les premiers fiécles de l'Eglife a été mife au rang des Siéges Epifcopaux les plus diftingués, qui a été honnoré du *Pallium* par un des plus faints & des plus grands Papes, à la priere d'une Reine Régente du Royaume de Bourgogne, qui pendant la vacance du fiége Archiépifcopal de Lyon, eft de droit Métropolitain de la Province de Bourgogne, & en qui refide toujours la plénitude du pouvoir Epifcopal, qui en porte toujours le fymbole dans toutes les folemnités, & dont le Siége a été decoré du titre de Protothrône, ou du premier Siége de la Province?

VÔTRE MAJESTÉ difpofe des rang & des honneurs dans les affemblées des Etats qui fe tiennent par fes ordres, mais dans cette diftribution des honneurs & des rangs, elle veut bien s'affujetir elle même à certaines regles,

dont une des principales est d'accorder un rang distingué aux Ministres de l'Eglise dans les assemblées politiques, suivant l'Ordre de la Hierarchie, & dans la concurrence des Ministres du premier ordre qui sont égaux par leur caractere, de donner la préséance & la présidence à celuy dont le Siège est distingué par des prérogatives, mesme pour le spirituel, qui élevent celuy qui a l'honneur de le remplir au dessus des autres Evesques qui ont comme luy une entrée aux Etats. Car le rang n'étant accordé aux Evesques suivant le tems de leur sacre, que par ce qu'il y a une égalité entre eux pour le spirituel, ce motif de concurrence ne subsistant plus dès que l'un d'eux a des prérogatives pour le spirituel, il est naturel de luy accorder la préséance, attendu que dans les assemblées civiles où les Ecclésiastiques sont admis, V. M. veut à l'exemple des Rois ses prédécesseurs, que leur rang soit réglé, suivant celuy qu'ils tiennent dans l'ordre Ecclésiastique.

SECONDE PROPOSITION.

Si les anciens Régistres des assemblées des Etats de Bourgogne avoient été conservés, on y trouveroit des preuves incontestables de cette proposition: mais au défaut de ces Registres, la tradition constante, certifiée par des Ecrivains illustres, & dont quelque-uns avoient interest de combatre le droit qu'a l'Evesque d'Autun de présider aux Etats de Bourgogne, justifie suffisamment son ancienne possession.

Barthelemy de Chasseneuz, qui est mort vers l'an 1542, Premier-Président du Parlement de Provence, est le premier témoin de cette tradition. Ce sçavant Jurisconsulte, qui avoit fait pendant plusieurs années la fonction d'Avocat de Parties, & ensuite d'Avocat du Roi à Autun, & qu'on ne peut soupçonner d'avoir ignoré les usages & les coutumes de sa patrie, dit en parlant des prérogatives de l'Evêque d'Autun, *Nous voyons (a) que nôtre Evêque d'Autun préside dans l'assemblée des Etats de ce pays, & qu'il y précede les autres Evêques.* La raison que cet Auteur donne de la présidence, est que l'Evêque d'Autun a la qualité de Doyen des Evêques suffragans de la Province de Lyon; ce qu'il explique avec plus d'étendue dans un autre ouvrage (b), où il assure que l'Evêque d'Autun doit préceder les autres Evêques de la Province de Lyon, parce qu'il porte le *Pallium*, qui est le symbole de la plénitude du pouvoir Episcopal & de l'autorité des Archevêques.

Pierre de Saint Jullien, de la maison de Baleurre, mort sur la fin du seizieme siécle, s'explique d'une maniere encore plus précise. Cet Auteur, qui en qualité de Doyen de l'Eglise de Châlons sur Sône, avoit interest de diminuer les prérogatives de l'Eglise d'Autun, est néanmoins obligé de reconnoître dans les Antiquités de Bourgogne (c) que dans l'assemblée des Etats de cette Province l'Evêque d'Autun précede les trois Evêques qui ont entrée aux Etats: il assure dans un autre Ouvrage (d), qu'il fréquente depuis long-tems les Etats de Bourgogne qu'il y a eu séance à la Chambre de l'Eglise, qu'il a toûjours été exact à observer ce qui s'y pratiquoit: puis il ajoûte, que les quatre Evesques qui y ont séance ont un rang certain, & que l'Evesque

d'Autun

(a) *In Præf. ad consuetud. Burgund.*

(b) *Catalog. glor. mundi. p. 4. Consid. 26.*

(c) *Antiquités de Bourgogne ch. 5.*

(d) *Mélanges historiques.*

d'Autun préside. Le Doyen de Châlons ne se contente pas de rendre compte de ce qu'il a vû, il recherche la raison sur laquelle est fondée la possession de l'Evêque d'Autun de présider aux Etats de Bourgogne, & de précéder les autres Evêques de la Province dans toutes sortes d'assemblées; & il la trouve dans l'antiquité de la Ville d'Autun, dans la Lettre de S. Gregoire à Siagre, dans le privilége accordé à l'Evêque d'Autun de porter le *Pallium*, qui est la marque de la dignité Archiépiscopale, & dans le droit qu'a l'Evêque d'Autun de remplir toutes les fonctions Archiépiscopales pendant la vacance du Siége de Lyon.

Bernard Durand, Avocat au Parlement de Bourgogne, mort en 1621. a composé un ouvrage pour soutenir la préséance de la Ville de Châlons sur les Villes de Nuids & de Saint Jean de Laone en l'assemblée des Etats du pays. Cet Auteur pose pour principe, que les séances dans ces Etats sont attachées aux Villes & aux Bénéfices, & non aux personnes, ce qui condamne la prétention du sieur Evêque de Dijon de régler le rang des Evêques aux Etats de Bourgogne sur le tems de leur sacre. Ensuite Durand qui n'oublie rien de ce qui pouvoit contribuer à relever la Ville de Châlons, avoûe que l'Evêque d'Autun précéde tous les autres Evêques aux Etats de Bourgogne, à raison dit-il de la grandeur de son Evêché & pour les marques d'Archévêque qu'il porte en vertu du privilége & du *Pallium* accordé à Siagre Evêque d'Autun par le Pape saint Gregoire.

Les autres Auteurs s'accordent sur ce point avec les Ecrivains de Bourgogne. René Chopin, l'un des plus fameux Jurisconsultes de son tems, marquant dans son Traité de la Police sacrée (*) le rang des Evêques de Bourgogne, met à leur teste l'Evêque d'Autun. * Pag. 27.

André Thevet dit dans sa Cosmographie universelle, en parlant de la ville d'Autun, qu'elle a retenu la superiorité & primauté de ses anciens Peres; & que quoique le Roi ait établi son Parlement à Dijon, l'Evêque d'Autun préside aux Etats de Bourgogne. Daviti s'exprime de la mesme maniere que Thevet dans son Livre des Etats & des Empires du monde; plusieurs autres Auteurs, comme Coquille dans son Histoire du Nivernois; Florent dans ses Commantaires sur les Decretales; & Fevret dans son Traité de l'abus, ont parlé du droit qu'a l'Evêque d'Autun de précéder ceux de Châlons & de Mâçon en toutes sortes d'occasion, sans faire de mention particuliere de la séance aux Etats de Bourgonne. Tant d'Auteurs n'auroient pû s'expliquer d'une maniere si précise pendant le seiziéme siécle, & pendant les cinquante premieres années du dix-septiéme siécle, si les Evêques d'Autun n'avoient point été en droit & en possession de présider aux Etats de Bourgogne, jusqu'au tems que le sieur de Neucheze Evêque de Châlons contesta cette présidence au sieur d'Attichi Evêque d'Autun.

Depuis l'Arrest du Conseil de 1658, par lequel cette contestation a été jugée en faveur de l'Evêque d'Autun, tous les Auteurs qui ont eu occasion de parler des prérogatives du Siége d'Autun, ne se sont pas expliqués d'une maniere moins décisive que n'avoient fait les Ecrivains qu'on vient de citer. Le sieur Godeau Evêque de Vence, & l'Abbé Fleury font mention l'un & l'au-

C

tre de la Lettre par laquelle S. Gregoire accorda le *Pallium* à Siagre, & de la disposition de cette Lettre, par laquelle ce saint Pape, qui n'agissoit dans cette affaire qu'à la priere de la Reine Brunehaut, déclara que l'Eglise d'Autun auroit le premier rang dans la Province, après celle de Lyon, dans les Conciles & dans toute autre occasion. Ensuite ces deux Historiens ajoutent que l'Eglise d'Autun jouit encore de cette prérogative.

Les Auteurs de la nouvelle Gaule Chrétienne mettent au nombres des prérogatives de l'Eglise d'Autun, la qualité qu'à l'Evêque d'Autun de *Président-né & perpétuel* des Etats de Bourgogne, & le droit qu'il a de précéder dans ces assemblées les autres Evêques, quoique plus anciens que lui en sacre. Les autres Evêques qui ont entrées aux Etats, ont souvent tenté, disent ces Auteurs, de dépouiller les Evêques d'Autun de cette prérogative; mais leurs efforts ont toujours été inutiles. Le sieur Piganiol de la Force, dans sa nouvelle description de France *(a)* en parlant de la ville d'Autun, assure aussi que l'Evêque de cette Ville est Président-né des Etats de Bourgogne.

On voit par les Registres *(b)* des Etats, que les Evêques d'Autun y ont été reconnus *Présidens nés* en 1658. Le sieur Doigny Dattichi a signé, *Louis, Evêque d'Autun, Président né des Etats*, sans que personne ait reclamé contre ce titre pris par l'Evêque d'Autun. On voit au contraire dans les Registres de l'assemblée tenue en 1671, qu'on y donne à l'Evêque d'Autun qui présidoit, la qualité de *Président né & perpétuel des Etats*, quoique le sieur Colbert, Evêque de Mâcon, fût de cette assemblée. Au mois de Juin 1662, que le sieur Dattichi étant élu pour être Administrateur des affaires de la Province jusqu'aux prochains Etats, est qualifié *Président-né & perpétuel*. La même qualité se trouve répétée dans une Commission des Etats à l'Evêque d'Autun du 27 Octobre 1662, pour la vérification des dettes de la Province, & dans les Lettres d'attache du Prince de Condé sur cette Commission.

Lorsque les Etats donnerent acte en 1703 aux sieurs Evêques de Châlons & d'Auxerre de leurs oppositions & de leurs protestations contre la qualité de Président-né des Etats, prise par l'Evesque d'Autun, tous ceux qui composoient l'assemblée reconnurent bien expressément, comme on le voit par le Registre, que l'Eveque d'Autun préside à la Chambre de l'Eglise; & que quand les trois Chambres sont assemblées, l'Evesque d'Autun en sa qualité de Président, recueille les voix des Députés de l'Eglise, comme le Président de la Noblesse & celui du Tiers-état recueillent les voix de leurs Corps; que chaque Président recueille les sentimens de son Corps, & que le Président de la Noblesse ne prononce le Decret qui a été formé, que quand la Noblesse & le Tiers-état sont d'un sentiment différent de celui de la Chambre de l'Eglise.

Quand le feu Roi régla par son Ordonnance du six Novembre 1658, que dans les assemblées des Etats le Gouverneur de la Province de Bourgogne, le Premier Président du Parlement de Dijon & l'Evesque d'Autun auroient des chaires à bras de pareille figure & semblables les unes aux autres, l'Evesque d'Autun fut qualifié dans l'Ordonnance Président-né & perpétuel des Etats.

C'est en cette qualité que les Evesques d'Autun ont si souvent présidés aux

(a) Tome 3.

(b) Extrait des Régistres des Etats.

Etats de Bourgogne depuis 1548, qui est le tems auquel commencent les plus anciens Registres des Etats, jusqu'en 1658, que la présidence a été conservée à l'Evesque d'Autun par un Arrest contradictoire du Conseil.

Il est vrai que le sieur Evêque de Dijon objecte contre ce moyen, que les Evesques d'Autun n'ont si souvent présidé aux Etats pendant ce siécle, que parce qu'ils ne s'y sont trouvés que quand ils ont été les plus anciens en sacre, ou que quand ils ont vû que les Evesques de la Province plus anciens en sacre ne pouvoient y assister.

Mais l'Evêque d'Autun n'est point obligé pour établir sa possession de présider aux Etats, de prouver que des Evêques d'Autun y aient précédé des Evêques plus anciens en sacre qu'eux, il suffit qu'ils y aient effectivemet présidé, qu'ils n'y aient jamais été précédés par aucun autre Evesque, & qu'ils soient en possession constante & immémoriale de la qualité de *Présidens-nés des Etats*; car celui qui a une qualité qui lui donne le droit de présider dans une assemblée, est censé avoir usé de son droit toutes les fois qu'il a effectivement présidé; & quand les Evêques plus anciens en sacre que celui d'Autun n'ont pas paru aux Etats, on sent assez que ces Evêques ne se sont absentés que parce qu'ils étoient jaloux de cette prérogative de l'Evêque d'Autun, ou qu'ils se sont vûs avec peine présidés, par un Evêque qui fût moins ancien en sacre qu'eux.

D'ailleurs, le sieur Evêque de Dijon ne demande qu'un seul exemple dans lequel un Evêque d'Autun ait présidé aux Etats en présence d'un Evesque qui ait été plus ancien en sacre. Le registre des Etats tenus au mois de Janvier 1596, en fournit un exemple bien autentique, puisque Pierre Saulnier Evesque d'Autun y présida en présence de Ponthus de Thiard Evesque de Châlons, qui étoit beaucoup plus ancien en sacre que l'Evesque d'Autun. Exemple d'autant plus remarquable que Ponthus de Thiard étoit un Prélat distingué par son érudition, qu'on ne peut le soupçonner d'avoir ignoré les droits d'un Siege qu'il remplissoit depuis un grand nombre d'années, & qu'il avoit plusieurs fois présidé aux Etats à l'absence de l'Evesque d'Autun.

Il est vrai que selon l'Historien de l'Eglise de Châlons, qui a été suivi par les Auteurs de la nouvelle Gaule chrétienne, Ponthus de Thiard s'étoit démis de son Eveschè dès l'année 1593; que Cyrus de Thiard son neveu avoit obtenu des Bulles la mesme année, & qu'il avoit été sacré à Rome dès 1594. De là le sieur Evesque de Dijon se croit en droit de conclure que le nom de Ponthus a été mis dans les registres, pour celui de Cyrus, ou que Ponthus de Thiard n'a assisté aux Etats de 1596 que comme ancien Evesque de Châlons, & qu'en cette qualité il ne pouvoit jamais y présider.

Mais il n'y a personne qui n'aperçoive d'abord le peu de solidité de ces deux conjectures; car on ne peut présumer que le Greffier des Etats ait ignoré le nom de Baptême d'un nouvel Evêque de la Province, & encore moins que les Présidens qui signent le procès-verbal de la rédaction, n'eussent pas fait d'attention sur une pareille inadvertence.

La seconde conjecture est détruite par les termes mêmes du régistre où Ponthus de Thiard est qualifié, non *ancien Evêque*, mais simplement

Evêque de Châlons, qualité qu'on ne peut donner qu'à un Evêque qui est encore Titulaire, d'ailleurs les Evêques qui ont quitté leur Siége n'ont point d'entrée aux Etats de Bourgogne.

L'Histoire de Châlons qui a été écrite plus de cinquante ans après le fait dont il s'agit sur des Mémoires qui n'auront pas été fort exacts par raport à ce point, ne peut être opposé aux Régistres des Etats dont le procès-verbal se dresse dans le tems même que se tiennent les Etats. Ces Régistres sont des monumens publics, & qui font foy par eux-mesmes. Les Historiens, surtout ceux qui ne rapportent point ce qui s'est passé sous les yeux, n'ont d'autorité qu'autant qu'ils se trouvent conformes aux monumens publics. Dès qu'ils y sont contraires, on ne doit plus avoir égard aux histoires qui sont les ouvrages de simples particuliers, ausquels il n'échappe que trop souvent des fautes, soit par ignorence, soit par défaut d'attention.

Quelque estimable que soit la compilation de la nouvelle Gaule chrétienne, & quelque peine que se soient données ceux qui ont travaillé à la rédiger, il est impossible qu'il ne leur soit échappé des fautes, surtout par rapport aux dates pour lesquelles ils ont été obligés de s'en rapporter à des Mémoires ou à des Historiens particuliers, entre lesquels il y en a qui sont peu exacts: ils ont déja corrigé dans les derniers volumes des fautes de cette nature qui leur étoient échappées dans les volumes précédens; & il y a tout lieu de croire qu'ils réformeront de la mesme maniére ce qu'ils ont avancé sur la foy de l'Historien de Châlons, par rapport à la date du sacre de Cyrus de Thiard, si l'extrait des Régistres des Etats de Bourgogne leur tombe entre les mains.

On ne doit pas mesme écouter ceux qui prétendent détruire l'autorité de pareils monumens par de vaines conjectures ou par des faits rapportés dans des histoires particulieres, il n'y auroit que l'inscription en faux, soutenuë de moyens décisifs, qui pût donner atteinte aux Régistres de la tenuë des Etats d'une Province.

Cet exemple est suivi d'un autre qui n'est pas moins autentique dans les Etats tenus en 1656. l'Abbé de Citeaux présida aux premieres séances, le sieur de Neufcheze Evêque de Châlons présida le 11. & le 12. du mois de May. Depuis le 13. May, jusqu'au 22. Juin, ce fut Loüis Dogny d'Attichi, moins ancien en sacre que l'Evêque de Châlons, qui présida. Voilà-donc un Evêque de Châlons qui céde la présidence à l'Evêque d'Autun, moins ancien que luy dans l'Episcopat.

Peut-être que l'Evêque de Châlons s'est retiré de l'assemblée de 1656. pour cause de maladie, ou parce que d'autres occupations l'appelloient ailleurs, mais s'il s'étoit retiré par de pareils motifs, il n'auroit point eût de raison de faire un procès au Conseil au sieur d'Attichi. On ne peut donc trouver d'autre motif raisonable de sa conduite, sinon qu'ayant reconu que l'Evêque d'Autun étoit en possession de présider aux Etats de Bourgogne, il ne luy convenoit pas de vouloir luy contester la présidence contre une possession qui étoit de notoriété publique, mais qu'il se flattoit qu'en Justice le principe le plus général pour le rang des Evêques pourroit l'emporter sur les Titres & sur la possession de l'Evêque d'Autun.

Le sieur

Le sieur Evesque de Dijon oppose encore les protestations faites en diffé-rens tems contre le droit des Evesques d'Autun, de présider aux Etats de Bourgogne; mais ces protestations ne servent encore qu'a donner une nou-velle force à la qualité de Président-né que luy ont donné tous les Auteurs, & qui a été confirmée tant de fois par les Etats; car il n'y a point de possession mieux établie que celle qui subsiste après la contradiction. Ces oppositions faites par les Evesques de Châlons servent mesme a prouver la possession de l'Evesque d'Autun; car on ne proteste contre celuy qui prétend avoir le droit de présider dans une assemblée, que quand il y préside effectivement; & si ces protestations se trouvent réiterées de tems en tems dans l'espace d'un sié-cle, comme on le voit dans l'affaire présente, est une preuve certaine qu'il a présidé dans l'intervale du tems qui s'est écoulé entre les differentes pro-testations.

La premiere de ces protestations a été faite dans l'assemblée de 1622, dans laquelle le sieur Duc de Bellegarde enjoignit par ordre du Roi aux deux Eves-ques d'Autun & de Châlons de s'absenter de l'assemblée: l'Official d'Autun y soutint au nom de son Evesque, que le droit lui étoit acquis d'y présider à l'exclusion de tous les autres Evesques de la Province: le Chantre de l'Eglise de Châlons qui parla pour son Evêque ne contesta point la possession de l'E-vêque d'Autun, mais il se renferma dans le principe que l'Evêque de Châ-lons devoit préceder l'Evêque d'Autun, comme étant plus ancien en récep-tion. Ces défenses d'entrer aux Etats faites aux deux Evêques par le Gouver-neur de la Province qui étoit brouillé avec l'Evêque d'Autun, suivant qu'il est marqué dans des mémoires anciens, furent levée en peu de tems en fa-veur de l'Evêque d'Autun, puisquelles furent faites au mois de Juin 1622, & qu'il est justifié par les Registres que le sieur de la Magdeleine Evêque d'Au-tun présida aux Etats aux mois d'Août 1622. Ainsi toutes les fois que les Eves-ques plus anciens en sacre que celui d'Autun ont protesté contre son droit de présider aux Etats, ces protestations, ou sont tombées d'elles-mêmes; ou si elles ont été suivies de procédures, la prétention des Evesques plus anciens en sacre a été condamnée; c'est ce qu'on va établir.

TROISIEME PROPOSITION.

L'Arrêt Contradictoire rendu au Conseil de V. M. le 3 Avril 1658 entre le Sr. Dogny d'Attichi Evêque d'Autun, & le sieur de Neucheze Evêque de Châlons, maintient l'Evêque d'Autun en cette qualité au droit, possession & jouissance de présider aux Etats de Bourgogne, & d'y préceder tant l'Eves-que de Châlons, que tous les autres Evesques qui ont entrée audits Etats, quoique plus anciens en sacre. S. M. fait ensuite défenses au sieur Evesque de Châlons & à tous autres de troubler ni inquiéter l'Evêque d'Autun pour ce regard, & au sieur Evesque de Châlons de prendre la qualité de Président-né, ou perpétuel des Etats.

Cet Arrêst solemnel a été rapporté par plusieurs Auteurs, comme faisant un reglement entre les Evesques d'Autun & les autres Evesques qui ont entrée aux Etats de Bourgogne. Il a été exécuté pendant vingt années sans aucune protestation ni reclamation de qui que ce soit, pas mesme de la part du Sr. de Meaupou Evesque de Châlons, quoiqu'il fût plus ancien en sacre que le Sr. de Roquette Evesque d'Autun. Le sieur de Roquette a fait observer cette circonstance essentielle dans l'assemblée des Etats tenus en 1679. Cette observation a été faite en présence des Evesques d'Auxerre & de Macon, qui n'ont point osé la contester, quoique l'un & l'autre eût fait des protestations, mais qui n'ont eu aucune suite, contre la qualité que l'Evesque d'Autun continuoit de prendre de Président-né & perpétuel des Etats.

Dans l'assemblée des Etats de Bourgogne en 1703, le sieur Felix Evesque de Châlons profitant du tems de la vacance du Siege Episcopal d'Autun, menaça de se pourvoir pour faire juger la contestation qu'il supposa subsistante entre l'Evesque d'Autun & les autres Evesques qui ont entrée aux Etats de Bourgogne. Ensuite il voulut engager les trois Etats à se joindre à lui contre l'Evêque d'Autun, sous prétexte que par cette qualité de Président né des Etats de Bourgogne, les Evêques d'Autun prétendroient s'attribuer une autorité sur le Corps des Etats, dont ils n'avoient pas joui jusqu'alors. Mais les Etats qui étoient instruits par leurs propres Registres du sens dans lequel les Evêques d'Autun étoient en possession de prendre cette qualité de Présidens-nés & perpétuels des Etats, & qui sçavoient que l'Evêque d'Autun ne pouvoit point à la faveur de ce titre se dire *Président seul & unique des trois Ordres des Etats*, ne jugerent point à propos de faire sur ce sujet de poursuite contre l'Evesque d'Autun, & les menaces faites par l'Evesque de Châlons sur Sône resterent sans effet.

Cependant le sieur de Senault Evêque d'Autun appréhendant que le sieur Felix Evesque de Châlons ne renouvellât ses protestations dans l'assemblée de 1706, & qu'il ne s'élevât à cette occasion quelque scandale, prit le parti de s'adresser au feu Roi, bis-ayeul de V. M. ce qui donna lieu à l'Arrêt du Conseil du 11 Mai 1706, par lequel après un examen exact des preuves de l'exécution de l'Arrêt rendu en faveur des Evesques d'Autun le 3 Avril 1658, il fût ordonné, sans avoir égard aux oppositions, ni aux protestation du sieur Felix Evesque de Châlons, que cet Arrêt seroit exécuté selon sa forme & teneur, & en conséquence l'Evêque d'Autun fût maintenu au droit, possession & jouïssance de présider aux Etats de Bourgogne, & d'y précéder tant l'Evêque de Châlons, que les autres Evesques qui ont entrée aux Etats.

Cet Arrest fût enregistré aux Etats, comme il avoit été ordonné, sans aucune opposition de la part d'aucune des trois Chambres. les Evesques de Châlons & d'Auxerre protesterent seuls contre l'enregistrement, & le sieur Felix déclara qu'il poursuivroit son opposition à cet Arrest. Cependant l'Arrest fût exécuté. Le sieur de Madot qui avoit présidé aux Etats de 1721, fût précédé à ceux qui furent tenus en 1724, de mesme que le sieur de Caylus Evesque d'Auxerre, par le sieur de Blitersvich de Moncley Evesque d'Autun qui étoit moins ancien en sacre que les Evesques de Châlons & d'Auxerre: ce qui s'exécuta de la mesme maniere dans l'assemblée des Etats de 1727. Ainsi les Evêques plus anciens en sacre que celui d'Autun qui ont entrée aux Etats de

Bourgogne, ont renoncé aux protestations faites par le sieur Felix contre l'Arrest du 27 Mai 1706 qui ordonne l'exécution de celui du mois d'Avril 1658. L'Arrest de 1706 n'a donc pas moins de force à leur égard, que celui de 1658, & celui de 1706 se trouve confirmé par de nouvelles exécutions de leur part, sans aucune protestation.

Le sieur Evesque de Dijon objecteroit inutilement qu'il n'a point été partie dans ces Arrests, & qu'il n'étoit point présent aux assemblées dans lesquelles ces Arrests ont été exécutés ; car la question jugée par l'Arrest de 1658, étant de sçavoir si l'Evesque d'Autun étoit Président-né des Etats de Bourgogne, & s'il devoit en cette qualité précéder les Evêques plus anciens en sacre que lui, a été décidée avec le sieur de Neucheze qui étoit le plus ancien en sacre des Evêques qui ont entrée aux Etats de Bourgogne, & par conséquent avec une partie, qui étoit une partie principale & nécessaire, qui soutenoit non seulement ses droits, mais encore les droits de tous ceux qui seroient après lui les plus anciens en sacre des Evêques qui ont entrée dans les Etats de Bourgogne, attendu que tout ce qui a été jugé avec un legitime contradicteur, pour les droits qu'on prétend être attachés à une certaine qualité, est censé jugé contradictoirement, avec tous ceux qui lui succede en cette qualité. Le sieur Evêque de Dijon prétend aujourd'hui précéder le Suppliant aux Etats de Bourgogne, comme étant plus ancien en sacre que lui, en cette qualité le sieur Evesque de Dijon représente le sieur de Neucheze Evesque de Châlons ; l'Arrest intervenu avec le sieur de Neucheze en faveur de l'Evesque d'Autun doit donc être regardé comme s'il avoit été rendu contradictoirement avec luy, & cela avec d'autant plus de raison, que l'Evêché de Dijon n'étant point encore érigé, l'Evêque ne pouvoit être appellé, quand ces Arrests ont été rendus.

Mais quand on supposeroit pour un moment, que le sieur Evêque de Dijon seroit recevable pour la forme dans une tierce opposition à l'Arrest de 1658. & à celuy du 27. Mai 1706. exécuté plusieurs fois dans les assemblées des Etats de Bourgogne par les Evêques plus anciens en sacre que celuy d'Autun, il n'en retireroit aucun avantage. Car il faut pour réussir dans une tierce opposition, que l'on ait quelque moyen different de ceux qui ont été proposés par la partie avec laquelle l'Arrest contradictoire est intervenu. Or aucun des moyens dont se sert aujourd'huy le sieur Evêque de Dijon, n'a été omis en 1658, par le sieur de Neufcheze Evêque de Châlons. On en trouve la preuve dans le Receuil des Arrest d'Henry *, qui a rapporté les moyens du sieur d'Attichi Evêque d'Autun, & ceux du sieur de Neufcheze Evêque de Châlons, qu'il paroit avoir tiré des mémoires respectifs des Parties.

On y voit que le sieur de Neufcheze objectoit à l'Evêque d'Autun ce que luy objecte aujourd'huy le sieur Evesque de Dijon, que la condition des Evêques étant égale, leur rang dans les Etats ne doit être réglé dans les assemblées d'Etat, que par le droit commun, c'est-à-dire par le tems de la consécration; que pour déroger à cette regle générale, il faudroit que l'Evesque d'Autun eût un titre autentique & valable, qui eût pour fondement le consentement des Etats, ou celuy des Ducs de Bourgogne, ou celuy de nos Roys depuis la

*Tome2 liv. 3

réunion du Duché de Bourgogne à la Couronne ; que la possession ne pouvoit tenir lieu de titre , ni le faire présumer en faveur des Evesques d'Autun , parce que cette possession bien loin d'estre continuelle, a souffert de fréquentes interruptions: ce qui fait disoit-il présumer que quand l'Evesque d'Autun a présidé , ça été , parce qu'il s'est trouvé le plus ancien en sacre , plutôt que par un droit particulier. A l'égard des prérogatives accordées aux Evesques d'Autun par le Pape S Gregoire d'estre honnorés du *Pallium* , & de tenir le premier rang entre les Evesques de la Province de Lyon, le sieur de Neufcheze soutenoit que toutes les prérogatives accordées à Siagre luy étoient purement personnelles,qu'elles n'avoient point passés à ses successeurs;en tout cas que le Pape S. Gregoire n'avoit pû donner de préséance à l'Evesque d'Autun sur ses Confreres dans les assemblées purement politiques,enfin que si la qualité de premier Suffragant de la Province de Lyon, & l'administration de l'Eglise de Lyon pendant la vacance du Siége Archiépiscopal, luy donnoient quelques prérogatives ; ce n'étoit que pour les assemblées Ecclesiastiques.

Ces moyens proposés dans toute leur force par le sieur de Neufcheze,n'ont pas paru avoir assez de solidité ; pour donner atteinte au droit des Evesques d'Autun fondé sur les titres & sur la possession de la qualité de Président-né des Etats de Bourgogne.

Il ne restoit après cela au sieur Evesque de Dijon que d'accuser comme il a fait , le sieur Dogny d'Attichi Evesque d'Autun , d'avoir surpris la Religion du feu Roi pour obtenir l'Arrest du 3 Avril 1658. d'avoir profité dans cette vûe de la maladie du sieur de Neufcheze Evesque de Châlons, plus ancien en sacre que le sieur d'Attichi, & d'avoir produit pour se faire des preuves de possession, des extraits des assemblées des Etats de Bourgogne de 1595. de 1597. & de 1598 quoyqu'il n'y ait point eu d'assemblées d'Etats en Bourgogne pendant ces trois années.

Mais bien loin que ces nouveaux moyens puissent faire quelque impression, on ne verra qu'avec peine , pour ne rien dire de plus fort, que le sieur Evesque de Dijon, au défaut de raisons solides , ait eu recours à des invectives contre un Evesque dont la mémoire est en véneration , & dont des Ecrivains célèbres , du nombre desquels est le sieur Godeau Evesque de Vence, ont parlé avec éloge ; & qu'il veuille faire passer pour un effet de surprise un Arrest qui a été rendu après une instruction contradictoire, qui a duré pendant neuf mois , dans le vû duquel on trouve énoncé les productions & les écritures respectives des Parties, qui ont été soutenuë de Mémoires de la part du sieur de Neucheze , dont l'extrait rapporté par Henris fait connoître que le sieur de Neucheze n'avoit omis aucun des moyens qui pouvoient servir à faire valoir sa prétention ; Arrest rendu sur l'avis de trois Conseillers d'Etat nommés Commissaires du Conseil, ausquels deux Maîtres des Requestes choisis pour Rapporteurs, on rendu compte des piéces & des moyens des Parties.

Il est vrai que dans le vû de l'Arrest il est dit qu'on navoit produit des extraits des Etats de Bourgogne, des années 1595, 1596, 1597, 1598 , & que les Etats de Bourgogne n'ont point été tenus en 1595, ni en 1597, non plus
qu'en

qu'en 1598. Mais il est constant par l'extrait des Registres des Etats de Bourgogne, qu'il y a eu des assemblées des Etats depuis 1575. jusqu'en 1582. & qu'il
y eut une assemblée des Etats tenus en 1596. dans laquelle l'Evêque d'Autun
présida, quoique Ponthus de Thiard, plus ancien en sacre que l'Evêque d'-
Autun, fut présent; que l'Evêque d'Autun présida en présence de l'Evêque
de Châlons en 1575. & en 1576. & qu'en 1578. il est marqué dans les Régistres
que l'Evêque de Châlons présida en l'absence & pour la maladie de l'Evêque d'Autun. Le sieur d'Attichi aura produit ces extraits de 1575. 1577 & 1578.
mais le Greffier du Conseil qui aura trouvé ces extraits joints à un autre extrait de 1596. qui étoit le plus important, aura mis par erreur 1595. 1597. &
1598. au lieu de 1575. 1577. & 1578. Le changement d'un chiffre dans un vû de
piéces, est une faute qui échape facilement; mais une preuve que le sieur d'A-
tichi n'a prétendu se prévaloir que du seul exemple de 1596. pour prouver
qu'un Evesque d'Autun avoit présidé en présence d'un Evesque plus ancien
que lui en sacre depuis 1548. c'est qu'après le vû de ces extraits le Greffier dit,
par lequel appert que Messire Pierre Saulnier Evêque d'Autun avoit porté la parole
à ladite Assemblée, où étoit Messire Ponthus de Thiard Evêque de Châlons. Il est
étonnant que le sieur Evesque de Dijon ait voulu se prévaloir d'un vice de
Clerc pour accuser du crime de faux un des plus saints Evesques du dernier
siecle.

Ce que le Sr. Evesque de Dijon oppose de plus spécieux à ces moyens, c'est
que VÔTRE MAJESTE' par les Lettres Patentes du 29. Mars 1732. enrégi-
trées au Parlement de Dijon, a voulu que le Sr. Bouhier & ses successeurs
Evesques de Dijon, eussent en cette qualité entrée & séance au parlement de
Bourgogne, & que comme Evesques Diocésains, ils y précédassent tous autres Conseillers d'honneurs, mesme les autres Evesques qui n'y auroient
rang & séance qu'en la mesme qualité de Conseillers d'honneurs quoyque
plus anciens qu'eux dans l'Episcopat, ou reçus & installés au Parlement de
Dijon avant le sieur Bouhier ou ses successeurs à l'Evesché de Dijon.

Mais le sieur Evesque de Dijon tire des Lettres Patentes du 29. Mars 1732
une conséquence qu'on ose dire avec confiance être contraire aux intentions
de V. M. car V. M. ne luy accorde la préséance sur les Evesques de la Province de Bourgogne Conseillers d'honneurs au Parlement de Dijon, que
dans le cas ou ces Evesques prétendroient le précéder, comme plus anciens
que luy dans l'Episcopat, ou reçus & installés au Parlement de Bourgogne
avant luy, ce ne seroit pas en vertu du tems du sacre ou de l'installation au
Parlement de Dijon que ceux des Evesques d'Autun à qui il plairoit à V. M.
de donner séance & voix délibérative au Parlement de Bourgogne, prétendroient précéder le sieur Evesque de Dijon; mais en vertu d'un droit attaché
à leur Siége, de précéder tous les Evesques de la Province de Bourgogne dans
les assemblées soit Ecclésiastiques, soit Politiques de cette Province; droit
dont les Evêques d'Autun ont joüi pendant une longue suite de siécles avant
l'érection de l'Evesché de Dijon; droit auquel V. M. n'a point dérogé expressément, & qui subsiste par conséquent en son entier parce que le Prince
qui accorde une grace, n'est jamais présumé par des concessions générales

E

avoir dérogé au droit acquis à un tiers dont il n'a pas mesme été fait une mention particuliére.

Cette prérogative des Evesques d'Autun, attachée à leur Siege, de précéder au Parlement de Bourgogne tous les autres Evesques qui y ont entrée, est fondée, comme sa qualité de Président-né des Etats, sur des titres ausquels les deux puissances ont concouru, sur des honneurs & des fonctions attachées à son Siege, qui le distingue de tous les autres Evesques de la Province, sur l'usage observé de tout tems dans la Bourgogne, de régler le rang des Evesques dans toutes sortes d'assemblées par les qualités de leur Siege, & non par le tems de leur sacre ou de leur installation.

C'est ce qui résulte bien sensiblement des Lettres Patentes accordées par le feu Roy au sieur d'Attichi Evesque d'Autun le 16. Decembre 1652. il y a marqué en termes exprés que les Roys ses prédécesseurs ont de tout tems & ancienneté concedé & accordé aux Evesques d'Autun, par privilege & prérogative, séance & voix déliberative au Parlement de Bourgogne, comme il a été justifié par les Lettres Patentes de Charle IX. du 24. Août 1573. & par d'autres Lettres Patentes du 19. Juin 1596. & 25 Juillet 1622. Ces termes font connoître que la séance & la voix déliberative au Parlement de Bourgogne font des prérogatives attachées à la qualité d'Evesque d'Autun, & un renouvellement de privilege plutôt qu'une concession personnelle au Sr. d'Attichi Ce qui fait encore connoître d'une maniére plus sensible la véritable intention du feu Roy bisayeul de V. M. C'est qu'il déclare que *voulant traiter favorablement le sieur d'Attichi, tant pour sa considération particuliére, que pour raison des mêmes concessions données à ses prédécesseurs; à ce qu'il ne soit de pire condition qu'eux, il luy permet d'entrer au Parlement de Bourgogne pour y avoir séance & voix déliberative, selon l'ordre & degré que ses prédécesseurs Evêques d'Autun ont eu jusqu'à présent, & qu'il jouïsse des mêmes honneurs, autorités, prérogatives, prééminences, franchises, libertés, comme faisoient ses prédécesseurs.* Quand les Roys prédécesseurs de V. M. ont accordé à un Evesque une place de Conseiller d'honneur à un Parlement, ils n'ont point eû d'égard à des concessions pareilles faites aux prédécesseurs de celuy qu'ils ont honnoré de cette qualité, & avant que de luy donner entrée, séance & voix déliberative, ils l'ont fait & déclaré Conseiller d'honneur. C'est donc en qualité de Conseiller né que le Sr. d'Attichi a dû prêter le serment & être reçû au Parlement de Bourgogne, suivant les Lettres Patentes du 16. Decembre 1652. puisque les termes de ces Lettres Patentes ne peuvent convenir à un Evêque conseiller d'honneur dont le privilége seroit purement personnel. Ce qu'il y a encore de plus fort, c'est que le rang de l'Evêque d'Autun doit être reglé au Parlement, non sur le tems de son sacre, ou sur celuy de son installation, mais selon l'ordre & degré qu'ont eû ses prédécesseurs Evesques d'Autun. Il y a donc eû de tout tems un rang & une place fixe pour les Evêques d'Autun, quand ils sont entrés au Parlement de Bourgogne, & qu'ils ont obtenu des Rois prédécesseurs de V. M. des Lettres Patentes qui renouvellent ce privilege attaché à leur Siege : ce qui fait dire à l'Auteur de la nouvelle Description de la France, en parlant du Parlement de Bourgogne, que l'Evesque d'Autun y entre par son caractére com-

me Conseiller d'honneur. On ne peut jamais présumer dans ces circonstance que V. M. ait voulu dégrader pour ainsi dire, l'Evêque d'Autun sans l'entendre, & faire occuper une place que ces prédécesseurs ont remplie dépuis si
long-tems au Parlement de Bourgogne, par l'Evesque d'une Eglise qui n'est
érigée en Evesché que depuis quelques années.

Il est vrai que le sieur Evêque de Dijon prétend que les Evesque d'Autun
n'ont siégé au Parlement de Bourgogne que suivant le rang de leur sacre, &
qu'il renvoie sur ce point à un extrait des Registres de ce Parlement. Il n'a
point jugé à propos de joindre l'extrait de ces Registres à sa Requête, & il
n'en a point donné communication; ainsi le Suppliant ne peut y répondre
directement quant à présent. Mais en attendant qu'il ait un extrait en forme
des Registres du Parlement de Bourgogne sur ce sujet, il a fait examiner une
copie des extraits de ces Registres qu'il a trouvée à Paris, & il n'y a vû aucune séance dans laquelle un Evêque d'Autun ait été précédé par un autre Evêque plus ancien en sacre. Il y a même découvert qu'à la séance de la rentrée
du Parlement de Bourgogne du 12 Novembre 1512 Jean de Poupet élû Evêque de Châlons en 1503, avoit été précédé par Jacques Hurault Evêque
d'Autun, qui n'avoit été sacré qu'au mois de Novembre 1505. La nouvelle
création d'un Evêché à Dijon n'a pû priver les Evêques d'Autun du droit
qui leur étoit acquis de siéger au Parlement de Bourgogne au dessus de tous
les Evêques de son Ressort.

C'est inutilement que le sieur Evêque de Dijon, pour éluder la force de
ces moyens, a recours sur la fin de sa Requête à sa qualité d'Evêque Diocésain, & aux Ordonnances qui lui donnent en cette qualité le premier rang
dans les assemblées; car cette prérogative accordée par les Ordonnances à l'E-
vesque Diocesain, n'est que pour les assemblées qui ne sont composées que
de personnes de son Diocese, & pour des affaires qui ne regardent que le Diocese, comme les Bureaux des Hôpitaux ausquels les Evesques Diocesains ont
toujours droit de présider, suivant l'Edit de 1695 pour la jurisdiction Ecclesiastique. C'est ainsi que le Clergé a toujours entendu ces Ordonnances qu'il
a plû aux Rois prédécesseurs de V. M. de lui accorder sur ses représentations;
car l'Evesque du lieu où se tiennent les assemblées du Clergé, y a entrée de
plein droit, quoiqu'il ne soit pas du nombre des Députés; mais il n'y a de
rang que suivant le tems de son sacre. L'Evesque du Diocese dans lequel se
tiennent les Conciles n'y a point en cette qualité de rang distingué; au Parlement de Paris l'Archevesque de Paris, Pair de France, ne précede point en
qualité de Diocesain les autres Pairs Ecclesiastiques. quoique cinq d'entre
eux ne soient qu'Evesques. Aux Etats de Languedoc, en l'absence des trois
Archevesques Présidens-nés des Etats, c'est l'Evesque le plus ancien en sacre
qui a droit de présider. Ce qui est conforme au principe du droit commun
& adopté dans nôtre usage, que dans les assemblées soit Ecclesiastiques, soit
civiles, où plusieurs Evesques ont séance, ils n'ont point d'autre rang entre
eux que celui de leur sacre, quand il n'y a aucune prérogative attachée à leur
Siege qui donne la préséance à l'un d'eux sur ses Confreres; mais dès qu'un
Evêque a quelques prérogatives qui le distingue des autres Evesques, il est

juſte qu'il les precede. C'eſt ſur ce principe & ſur la qualité de Préſident né, que le Suppliant a établi ſon droit de préceder tous les Eveſques aux Etats de Bourgogne. La confirmation de ce droit, que le Suppliant attend de la bonté de V.M. aſſurera pour toujours à l'Egliſe d'Autun les privileges qu'elle tient du concours des deux Puiſſances.

Le ſieur Eveſque de Dijon déſeſperant de réuſſir dans ſon entrepriſe a pris des meſures pour éloigner, s'il le pouvoit la condamnation de toutes ſes prétentions : c'eſt dans cette vûë qu'il a demandé que la queſtion de la préſidence aux Etats de Bourgogne fûr jugée avec tous les Eveſques qui ont entrée aux Etats de Bourgogne, & qu'il annonce par avance les moyens dont il prétend ſe ſervir contre eux ; mais le Suppliant n'entrera pas dans l'examen de ces queſtions qui n'interreſſent point l'Egliſe d'Autun. Aucun de ces Eveſques ne luy conteſte la préſéance ni le droit de préſider aux Etats de Bourgogne, ils exécutent avec reſpect l'Arreſt de 1658. qu'ils regardent comme une loi inviolable. Ainſi n'y ayant rien à décider avec eux, il eſt inutile que la queſtion ſoit jugée avec eux, & qu'ils ſoient Partie dans l'Arreſt qui interviendra. Le Sr. Eveſque de Dijon eſt le ſeul qui oſe attaquer un Arreſt ſi ſolemnel, il eſt juſte qu'il ſuporte ſeul la peine qu'il merite pour avoir conteſté un droit auſſi bien établi que celuy du Supliant, de préſider aux Etats de Bourgogne.

Un autre moyen dont le ſieur Eveſque de Dijon veut ſe ſervir pour éloigner le jugement de cette affaire eſt de ſuppoſer qu'elle eſt d'une longue diſcuſſion & qu'on ne peut la mettre en état d'eſtre jugée en peu de tems. Il propoſe comme un point embaraſſant la déciſion de la queſtion, ſi le Suppliant a droit de préceder tous les auttes Eveſques ſes Confreres aux Etats de Bourgogne ; mais cette queſtion eſt déja jugée par l'Arreſt contradictoire rendu au Conſeil en 1658. Le ſieur Eveſque de Dijon reconnoît lui-même que cet Arreſt fait une loy contre luy, puiſqu'il forme une demande en caſſation. Il avoüe donc au moins tacitement, que s'il n'a pas de moyen valable d'oppoſition, il ne reſte qu'à maintenir le Supliant dans le droit & la poſſeſſion dont ſes predeceſſeurs ont joüi de tout tems. Son moyen d'oppoſition conſiſte à dire que le Conſeil a jugé ſur des piéces fauſſes, & qui ſuppoſent que le ſieur Saulnier Evêque d'Autun a préſidé en des aſſemblées des Etats tenuës en quatre années conſécutives, Ponthus de Thiard plus ancien en ſacre que le ſieur Saulnier. Cependant on a prouvé par le vû même de l'Arreſt, que le ſieur d'Attichi n'avoit parlé que d'une ſeule aſſemblée depuis 1548. dans laquelle un Eveſque de Châlons plus ancien en ſacre que celuy d'Autun, ait été préſidé par l'Evêque d'Autun ; & cet exemple eſt prouvé par le Regiſtres des Etats, de l'aveu du ſieur Eveſque de Dijon. Les trois autres extraits qui ont été mal datés n'avoient point été produits pour prouver que Ponthus de Thiard eût été préſidé dans quatre aſſemblées conſécutives par le ſieur Saulnier. Le Conſeil n'a donc point jugé cette queſtion ſur ces trois prétendus exemples qu'un ſimple vice de Clerc dans le vû d'un Arreſt ne devoit pas faire regarder comme des piéces fauſſes, mais ſur les titres de l'Evêque d'Autun, ſur les prérogatives de ſon Siége, ſur la poſſeſſion de la qualité de Préſident-né des Etats de Bourgogne, juſtifiée par un grand nombre d'Auteurs entre leſquels il s'en

trouve

trouve qui auroient eût interrêt de la combatre. L'exemple précis de 1596. donnoit à la verité une nouvelle force à ces moyens; mais cet exemple n'auroit pas servi seul de motif de décision, & on voit bien que l'Arrest étoit fondé sur dautres raisons que le sieur d'Attichi avoit expliquées, & qui sont rapportées par Henry.

Il ne sera pas nécessaire de dépouiller les Registres des Etats pour sçavoir si les Evêques d'Autun ont précedé des Evesques de Châlons plus anciens en sacre; le Supliant avoüe qu'avant 1658. il n'y a de ces exemples précis que celui de 1596. mais qui sert à prouver que les Evesques d'Autun ont usé de leur droit quand l'occasion s'est présentée, sans qu'ils ayent jamais été précedés par d'autres Evêques qui ont entrée aux Etats. Les dépouillemens des Registres des Etats, qui peuvent être nécessaires pour prouver que les Etats ont reconnu les Evesques d'Autun pour Présidens nés,& qu'ils n'ont fait de difficulté sur cette qualité que quand on a voulu mal-à-propos faire entendre que les Evesques d'Autun prétendoient par là s'attribuer le droit d'être seuls Présidens des trois Ordres des Etats, ont été faits par le Greffier des Etats.

Il a été jugé par l'Arrêt de 1658. qu'y ayant un Président-né des Etats de Bourgogne pour la Chambre Ecclesiastique, la présidence n'appartenoit point à l'Evêque le plus ancien en sacre, ni à l'Evêque Diocésain. Le sieur Evêque de Dijon ne peut alléguer sur ces deux Chefs d'autres moyens que ceux dont se servoit le sieur de Neuchese, & qui ont été condamnés par l'Arrêt du 1658. Le nouvel Evêché érigé dans la Ville de Dijon, n'a pû faire perdre à l'Evêque d'Autun un droit attaché à son Siege de tems immémorial; la qualité d'Evêque de la Capitale d'une Province ne donne à celui qui joüit de cet Evêché, aucun rang ni aucune prérogative sur les autres Evesques de la mesme Province, & encore moins le droit de dépouiller les autres Evesques du rang & des prérogatives dont ils joüissoient avant que la Ville Capitale fût honnorée du Titre de Ville Episcopale.

A CES CAUSES, SIRE, plaise à VÔTRE MAJESTE', sans avoir égard à la Requeste du sieur Evesque de Dijon, maintenir & garder le Supliant en sa qualité d'Evesque d'Autun, dans le droit, possession & joüissance de présider aux Etats de Bourgogne, comme Président-né, & d'y préceder les Evesques qui y ont entrée plus anciens que luy en sacre, mesme l'Evêque Diocésain & de la Capitale; faire défense au St. Evesque de Dijon & à tous autres de l'y troubler; en outre accorder au Supliant des Lettres de confirmation pour qu'il ait entrée,séance & voix délibérative au Parlement de Bourgogne, & qu'il y précede tous les autres Evêques, quoyque plus anciens en sacre, conformement aux Lettres Patentes accordées à ses prédecesseurs Evesques d'Autun, par les Roys Henry III. Henry IV. & Louis XIII. & le Supliant continuera ses vœux pour la personne sacrée de VÔTRE MAJESTE', & pour la prospérité de son Regne. Signé GASPARD DE THOMAS DE LA VALETTE. Ce 10. Mars 1733.

Me. DURAND, Avocat.